Sobre el autor @jotaeletorres

Trabajo desde hace más 10 años en el análisis, diseño y desarrollo de proyectos en Internet, así como consultor tecnológico especializado en comercio electrónico, *e-learning*, marketing electrónico, posicionamiento web y redes sociales, en la empresa Base.

He participado directamente en el desarrollo de decenas de tiendas online y proyectos de *e-commerce*, la mayoría basadas en la solución *open source* de para comercio electrónico *Prestashop* y de decenas de distintos sectores.

En el ámbito de la formación y consultoría, he desarrollado varias metodologías relacionadas con la aplicación estratégica de las TIC y aplicadas en distintos proyectos, en los que también participé impartiendo talleres y tutorías individuales a cientos de participantes:

- Consultor homologado en "Programa de Mentoring en Comercio Electrónico" (2014) de Red.es para el asesoramiento a PYMES sobre el comercio electrónico.
- Proyecto ESTER (Estrategia Tecnológica de Recursos para Emprendedoras del Medio Rural), para la incorporación de las TIC en los procesos de negocio para mejorar la productividad de las emprendedoras del medio rural en la Región de Murcia.
- Proyecto Pyme+i del Instituto de Fomento de la Región de Murcia en capacitación en la gestión del conocimiento y en el uso de nuevas aplicaciones informáticas, obteniendo la certificación de proveedor acreditado de servicios de innovación
- Tutor especialista para la planificación estratégica TIC del Instituto de Fomento de la Región de Murcia, cuya metodología fui co-autor.
- Proyecto "Murcia Pymes en Red" desarrollado por TIMUR (Asociación Murciana de Empresas del Sector de las Tecnologías de la Información, de las Comunicaciones y del Audiovisual) en 2009 junto con la acreditación como asesor TIC.

- Proyecto EmpresariaSi de coaching tecnológico desarrollado por OMEP (Organización Murciana de Mujeres Empresarias)
- Ponente en Día del Emprendedor organizado por el INFO en Cehegín con la charla "Claves para el éxito de una tienda online". 2013
- Ponente en Jornadas TIC OMEP Gestión del cambio tecnológico. 2012
- Ponente Redes sociales y Web 2.0 en Jornadas TIC CENTIC.Murcia.2010
- Ponente taller Posicionamiento en internet. Congreso nacional EmpresariaSi de OMEP.Murcia.Mayo 2010

He sido *product manager* y responsable de desarrollo de distintas aplicaciones web: *Shibbo* (gestor online de contraseñas), *Knower* (herramienta colaborativa para intranet), *Beebybee* (marketplace de contenidos digitales), *Partnex* (herramienta de extranet), *Orders* (gestión de pedidos), Innup (Sistema de Gestión Integral de la Innovación), además de cofundador de la red social *mitbaby*.

Además de este libro, he publicado otros entre los que destaca "Claves para abrir una tienda online y que venda" (varias veces Nº1 en Amazon en la categoría de Software y Aplicaciones de negocio, para más información visita **yquevenda.com**).

INTRODUCCIÓN

Las herramientas **en la nube** o SaaS (Software as a Service) son servicios accesibles a través de un navegador web o de cualquier aplicación diseñada para tal efecto (ej: app en Android y/o iOS). Estos servicios que pueden ser de cualquier tipo (almacenamiento, comunicación, utilidades para diseñar, etc.) se encuentran en un servidor remoto y se prestan a través de internet cuando el usuario los solicita.

Una de las principales ventajas del uso de estas aplicaciones tanto a nivel personal como profesional es el incremento de la **productividad**, esto, es, hacer más cosas y mejor en menos tiempo y a menor coste.

En este libro se detalla una relación de más de **100 herramientas en la nube** agrupadas por temas o ámbitos de trabajo y para las que se muestra una ficha de la misma: nombre, dirección web, idioma en la que está disponible (aunque muchas están en inglés, su inferfaz es suficientemente intuitivo para que la lengua no sea un impedimento para su uso), complejidad, palabras clave y una descripción de su utilidad, esto es, para qué sirve.
Todas tienen algo en común aparte de estar en la nube y es que todas son **gratis** al menos en su funcionalidad básica.

Muchas ya las conocerás, algunas ya las habrás utilizado y otras las descubrirás por primera vez, pero en cualquier caso, esta recopilación constituye un **práctico índice dónde localizar una herramienta para cada necesidad** y aunque no están todas –sería una labor titánica- , sí son todas las que están.

A continuación puedes leer algo de literatura sobre las aplicaciones en la nube: diferencias entre *SaaS*, *PaaS* e *IaaS*, características, ventajas y desventajas, o pasar directamente al **listado de las herramientas seleccionadas** y empezar a probarlas.

DIFERENCIAS ENTRE SaaS, Paas e IaaS[1]
El **software como servicio** (SaaS) es un modelo de distribución de software en el que las aplicaciones están alojadas por una compañía o proveedor de servicio y puestas a disposición de los usuarios a través de una red, generalmente la Internet.

---

[1] Fuente:

La **plataforma como servicio** (PaaS) es un conjunto de utilitarios para abastecer al usuario de sistemas operativos y servicios asociados a través de Internet sin necesidad de descargas o instalación alguna.

La **infraestructura como servicio** (IaaS) se refiere a la tercerización de los equipos utilizados para apoyar las operaciones, incluido el almacenamiento, hardware, servidores y componentes de red

CARACTERÍSTICAS DE LA NUBE

El trabajo con aplicaciones en la nube tiene estas características:

• Coste: el uso de servicios basados en la nube reduce las barreras de acceso, ya que la infraestructura la proporciona por una tercera parte y se "paga por uso".

• Escalabilidad: los recursos son proporcionados en tiempo real y bajo demanda, existiendo distintos planes de servicio.

• Acceso multidispositivo: el acceso es independiente de la ubicación y dispositivo utilizado por el usuario (equipo de escritorio o *desktop*, *tablet*, teléfono móvil...), sólo es necesario un navegador web o app que acceda al servidor remoto donde se ejecuta

• Virtualización: la tecnología de virtualización permite compartir servidores y dispositivos de almacenamiento y una mayor utilización. Las aplicaciones pueden ser fácilmente migradas de un servidor a otro. Normalmente esto es indiferente para el usuario, pero hay aplicaciones que ofrecen un "Plan premium" o "Plan empresarial" donde la instalación es personalizada e independiente del servidor común.

• Rendimiento y mantenimiento: los sistemas en la nube controlan y optimizan el uso de los recursos de manera automática, dicha característica permite un seguimiento, control y notificación del mismo. Esta capacidad aporta transparencia tanto para el usuario o el proveedor de servicio.

• Seguridad: la centralización de los datos permite un mayor control de la seguridad y es abordada de forma global por el proveedor del servicio. El usuario de la nube es responsable de la seguridad a nivel de aplicación. El proveedor de la nube es responsable de la seguridad física.

VENTAJAS

•   Integración probada de servicios Red. Por su naturaleza, la tecnología de cloud computing se puede integrar con mucha mayor facilidad y rapidez con el resto de las aplicaciones empresariales (tanto software tradicional como Cloud Computing basado en infraestructuras), ya sean desarrolladas de manera interna o externa.

•   **Disponibilidad 24x7x365:** Las infraestructuras de cloud computing proporcionan mayor capacidad de adaptación, recuperación completa de pérdida de datos y reducción al mínimo de los tiempos de inactividad. El servicio se presta permanentemente o durante el 99,9% del tiempo como especifican los SLA (acuerdo de nivel de uso).

•   **Ahorro de tiempo y dinero:** Una infraestructura 100% de cloud computing permite también al proveedor de contenidos o servicios en la nube prescindir de instalar cualquier tipo de software, ya que éste es provisto por el proveedor de la infraestructura o la plataforma en la nube. Un gran beneficio del cloud computing es la simplicidad y el hecho de que requiera mucha menor inversión para empezar a trabajar.

•   **Rapidez de puesta en marcha:** Implementación más rápida y con menos riesgos, ya que se comienza a trabajar más rápido y no es necesaria una gran inversión. Las aplicaciones del cloud computing suelen estar disponibles en cuestión de días u horas en lugar de semanas o meses, incluso con un nivel considerable de personalización o integración.

•   **Actualizaciones automáticas:** Al actualizar a la última versión de las aplicaciones, el usuario se ve obligado a dedicar tiempo y recursos para volver a personalizar e integrar la aplicación. Con el cloud computing no hay que decidir entre actualizar y conservar el trabajo, dado que esas personalizaciones e integraciones se conservan automáticamente durante la actualización.

•   **Eficiencia energética:** En los datacenters tradicionales, los servidores consumen mucha más energía de la requerida realmente. En cambio, la energía consumida en las nubes es sólo la necesaria, siendo por tanto más eficientes.

DESVENTAJAS

Las ventajas de utilizar este tipo de aplicaciones son muchas pero también existen algunas **desventajas** o riesgos que debemos al menos conocer para tomar las medidas oportunas:

• La **disponibilidad** de las aplicaciones está sujeta a la disponibilidad de acceso a Internet.

• La centralización de las aplicaciones y el almacenamiento de los datos origina una **dependencia** de los proveedores de servicios.

• Los datos "sensibles" del negocio no residen en las instalaciones de las empresas, lo que podría generar un contexto de alta **vulnerabilidad** para la sustracción o robo de información.

• **Seguridad**: la información de la empresa debe recorrer diferentes nodos para llegar a su destino, cada uno de ellos y sus canales son un foco de inseguridad. Si se utilizan protocolos seguros, HTTPS por ejemplo, la velocidad total disminuye debido a la sobrecarga que éstos requieren.

• **Escalabilidad** a largo plazo: a medida que más usuarios empiecen a compartir la infraestructura de la nube, la sobrecarga en los servidores de los proveedores aumentará, si la empresa no posee un esquema de crecimiento óptimo puede llevar a degradaciones en el servicio.

1

CREACIÓN

1.1. ESCRITURA

1.1.1. Bloc de notas online: a5

Nombre:	a5
Web:	**http://a5.gg/**
Idioma:	ENG
Complejidad:	Baja
Palabras clave:	notas, redacción, escritura

a5 es un bloc de notas online que te permite escribir textos y notas sin necesidad de registro previo, abres la web en tu navegador y escribes, cuando vuelvas a abrir la página, allí estará el texto (nota: la información se guarda en una cookie, por lo que sólo funcionará mientras la conserves y uses el mismo navegador para acceder a esta web).

Help improve a5

Hello.

This is a5.

Jot down things you need to remember.

When you return your text will still be here.

Goodbye.

1.1.2. Contador palabras y caracteres

Nombre:	Contador de palabras de caracteres
Web:	**http://www.contadordepalabras.com/**
Idioma:	ESP
Complejidad:	Baja
Palabras clave:	contar, redacción, escritura, SEO

Contador de palabras y **contador de caracteres** es una herramienta que te permite contar la cantidad de palabras o de caracteres que posee un texto. Simplemente, debes posicionar el cursor dentro de la ventana y comenzar a escribir con el teclado. El sistema contará automáticamente la cantidad de palabras y caracteres que has ingresado. También es posible copiar y pegar un texto que hayas escrito fuera del sistema; automáticamente mostrará el recuento de palabras y caracteres del texto copiado.

Saber el número de palabras o caracteres de un documento puede ser muy útil. Como ejemplo, si se le pide a un autor un mínimo o un máximo de palabras permitidas para escribir, el contador de palabras lo ayudará a saber si su artículo cumple con los requisitos. Además muestra automáticamente las diez palabras más utilizadas y la **densidad** de las mismas dentro del artículo que estás escribiendo (muy importante para textos orientados a SEO o posicionamiento natural) ya que te permite saber qué palabras utilizas con más frecuencia y en qué porcentaje las utilizas dentro del artículo.

1.1.3. Convertir voz a texto: Speechnotes

Nombre:	Speechnotes
Web:	https://speechnotes.co/es/
Idioma:	ESP
Complejidad:	Baja
Palabras clave:	transcripción, voz, notas, redacción, escritura

Speechnotes es un bloc de notas en línea con reconocimiento de voz, con un diseño limpio y eficiente, para que puedas concentrarte sólo en crear. Necesitas usar el navegador Chrome y habilitar el micrófono, ya está: sólo tienes que pulsar en el icono y empezar a hablar…

1.1.4. Traductor: Google translate

Nombre:	Google translate
Web:	https://translate.google.com
Idioma:	ESP
Complejidad:	Baja
Palabras clave:	Traducción, transcripción, voz, , redacción, escritura

Google translate es un servicio de Google para traducir muchos idiomas a otros tantos, obviamente no es una traducción perfecta ni profesional, pero es una gran ayuda y te ahorra mucho tiempo. Tiene además las opciones de dictar el texto original y de escuchar la traducción generada.

1.1.5. Correctores ortografía-gramática

Nombre:	Speechnotes
Web:	http://spanishchecker.com/
Idioma:	ESP
Complejidad:	Baja
Palabras clave:	corrección, , ortografía, redacción, escritura

Spanishchecker es un corrector ortográfico y gramatical para el idioma español.

1.1.6. Correctores en inglés y otros idiomas

Otras herramientas similares que tratan la corrección en inglés o permiten seleccionar la corrección para varios idiomas (o incluyen enlaces a los correctores de distintos idiomas) son:

Nombre:	SpellCheckPlus
Web:	http://spellcheckplus.com/
Idioma:	ENG
Complejidad:	Baja
Palabras clave:	corrección, , ortografía, notas, redacción, escritura

Nombre:	Languagetool
Web:	https://languagetool.org/es/
Idioma:	ESP
Complejidad:	Baja
Palabras clave:	corrección, , ortografía, notas, redacción, escritura

1.1.7. Conversor PDF a Word: Nitro

Nombre:	Nitro
Web:	www.pdftoword.com/es/
Idioma:	ESP
Complejidad:	Baja
Palabras clave:	Conversión, PDF, Word, formatos, Office

Nitro convierte archivos PDF de y a archivos de Microsoft Office de Word, Excel, y Powerpoint: puedes pasar un documento de Word a PDF y vicecersa, un Excel y un Powerpoint
.

El funcionamiento es muy sencillo: seleccionas el formato origen y destino, subes el archivo a convertir e introduces el e-mail donde recibirás el archivo en el nuevo formato.

1.1.8. Reconocimiento de texto: Free online OCR

Nombre:	Free online OCR
Web:	http://www.onlineocr.net
Idioma:	ENG
Complejidad:	Baja
Palabras clave:	OCR, conversión, imagen, texto

Online OCR reconoce el texto de imágenes (JPG, BMP, TIFF, GIF) y archivos PDF en 46 idiomas, convirtiéndolo a documento Word, Excel o txt. El procedimiento de conversión es el habitual: seleccionas el archivo origen, indicas las preferencias de idioma y formato de conversión y pulsas en "Convert".

1.1.9. Unir PDF: PDFMergy

Nombre:	PDF Mergy
Web:	https://pdfmerge.w69b.com/
Idioma:	ENG
Complejidad:	Baja
Palabras clave:	PDF, edición

PDF Mergy te permite subir tus archivos pdf desde tu disco local o desde tu cuenta en Google Dirve, los ordenas y le das a "Merge".

1.1.10. Generador textos maquetación: Blindtextgenerator

Nombre:	Blind Text Generator
Web:	http://www.blindtextgenerator.com/es
Idioma:	ESP
Complejidad:	Baja
Palabras clave:	creatividad, texto, bocetos

Blind text generator es un generador de texto simulado para utilizarlo en trabajos de maquetación. Puedes indicar varios tipos de texto, así como el número de palabras y caracteres.

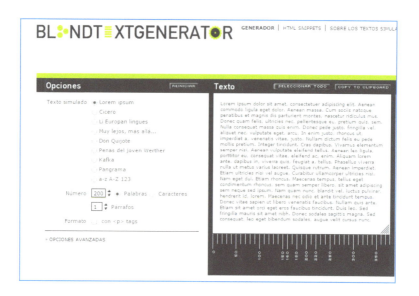

1.2. DIAGRAMAS

1.2.1   Mapas mentales: Bubble

Nombre:	Bubble
Web:	https://bubbl.us/
Idioma:	ENG
Complejidad:	Media
Palabras clave:	creatividad, diagramas, esquemas, diseño

Bubbl te ayuda a crear mapas mentales y diagramas, potencia tu creatividad y te ayuda a   organizar visualmente las ideas y conceptos. En su plan gratuito permite un máximo de 3 mapas y exportarlos a formato jpg o html.

1.2.2 Creador de diagramas: Cacoo

Nombre:	Cacoo
Web:	http://cacoo.com
Idioma:	ESP
Complejidad:	Baja
Palabras clave:	diagramas, esquemas, diseño

Cacoo es una aplicación para crear diagramas en línea. El plan gratuito sólo permite exportar a formato PNG y permite la creación de hasta 25 hojas (una hoja puede contener más de un diagrama) y compartirlas con un máximo de 15 personas.

1.2.3 Diagramas desde texto: Textografo

Nombre:	Textografo
Web:	https://textografo.com/
Idioma:	ENG
Complejidad:	Media
Palabras clave:	diagramas, esquemas, diseño

Textografo es un creador de diagramas pero a partir de la introducción de textos, no arrastras o trabajas con las formas sino que a través de una fácil sintaxis se establece la estructura y relaciones de los distintos tipos de elementos del diagrama.

El plan gratuito permite generar hasta 5 diagramas.

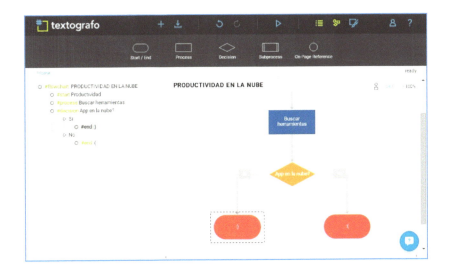

1.3. INFOGRAFIAS

1.3.1 Piktochart

Nombre:	Piktochart
Web:	http://piktochart.com/
Idioma:	ENG
Complejidad:	Media
Palabras clave:	diagramas, esquemas, diseño

Piktochart crea infografías, informes y presentaciones a partir de más de 500 plantillas disponibles. Se pueden editar textos, fuentes y colores, así como importar imágenes, vídeos y datos de hojas de cálculo.

1.4. Aplicaciones en Google Drive

Nombre:	Google Drive
Web:	http://www.google.com/drive
Idioma:	ESP
Complejidad:	Media
Palabras clave:	editor texto, hoja de cálculo, presentaciones, encuestas, almacenamiento remoto, conversión office

Google Drive te da 15 GB de almacenamiento gratis en Google para guardar fotos, documentos, diseños, vídeos o cualquier formato de archivo.

Puedes acceder a tus archivos en cualquier momento desde cualquier smartphone, tablet u ordenador, así como compartir carpetas o archivos con otros usuarios y trabajar de forma simultánea, evitando el enviar archivos adjuntos por correo electrónico.

Todos tus cambios se van guardando automáticamente mientras escribes. Incluso puedes usar el historial de revisiones para ver las versiones anteriores de un mismo archivo, ordenadas por fecha y por el autor del cambio.

Además puedes convertir archivos de Oficce (Word, Excel y Powerpoint) en documentos de Google Drive y viceversa.

1.4.1 Editor de texto

Nombre:	Google Drive
Web:	https://www.google.com/docs/about/
Idioma:	ESP
Complejidad:	Media
Palabras clave:	editor texto, word, docx, almacenamiento remoto, conversión office

1.4.2 Hojas de cálculo

Nombre:	Google Drive
Web:	https://www.google.com/sheets/about/
Idioma:	ESP
Complejidad:	Media
Palabras clave:	hoja de cálculo, excel, xlsx, almacenamiento remoto, conversión office

1.4.3 Formularios web / encuestas

Nombre:	Google Drive
Web:	https://www.google.com/forms/about/
Idioma:	ESP
Complejidad:	Media
Palabras clave:	encuestas, formularios

1.4.4 Presentaciones

Nombre:	Google Drive
Web:	https://www.google.com/slides/about/
Idioma:	ESP
Complejidad:	Media
Palabras clave:	presentaciones, powerpoint, pptx, almacenamiento remoto, conversión office

2.1. BANCOS DE IMÁGENES

2.1.1. Unsplash

Nombre:	Unsplash
Web:	http://unsplash.com
Idioma:	ENG
Complejidad:	Baja
Palabras clave:	imágenes, fotografías, copyright free, gratis

Unsplash ofrece fotos de calidad y con alta resolución. Se publican 10 nuevas fotos en el catálogo cada 10 new photos every 10 días.

Descarga libre y gratuita para uso personal y comercial. Sin restricciones o enlaces de crédito o atribución.

2.1.2. 123rf

Nombre:	123rf
Web:	http://es.123rf.com/freeimages.php
Idioma:	ESP
Complejidad:	Baja
Palabras clave:	imágenes, fotografías, copyright free, gratis

123rf ofrece imágenes (también en HD), PSD y archivos de sonido gratis y libres para uso personal y comercial (más información sobre la Free Image RF License en http://www.123rf.com/license.php?type=free).

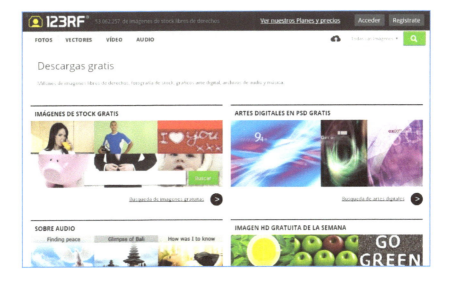

2.1.3. Freepik

Nombre:	Freepik
Web:	http://www.freepik.es/
Idioma:	ESP
Complejidad:	Baja
Palabras clave:	imágenes, fotografías, vectores, iconos, PSD, copyright free, gratis

Freepik te ofrece fotos, ilustraciones, iconos, PSD y vectores gratis.

2.1.4. Pixabay

Nombre:	Pixabay
Web:	https://pixabay.com/
Idioma:	ESP
Complejidad:	Baja
Palabras clave:	imágenes, fotografías, vídeos, copyright free, gratis

Pixabay ofrece imágenes y videos libres de derechos de autor bajo la licencia Creative Commons CC0. Puedes descargarlas, modificarlas, distribuirlas y usarlas libres de pago para cualquier uso, aún para aplicaciones comerciales. No es necesaria atribución (más información de la Licencia Creative Commons CCO en https://pixabay.com/es/service/terms/#usage).

Ofrece opciones de búsqueda para el tipo de archivo (Fotos, Vectores, Ilustraciones, Videos), orientación (horizontal o vertical), categoría, tamaño y color.

2.1.5. Veezle

Nombre:	Veezle
Web:	http://www.veezzle.com
Idioma:	ENG
Complejidad:	Baja
Palabras clave:	imágenes, fotografías, vídeos, copyright free, gratis

Veezzle es un metabuscador que localiza imágenes libres para descargar en múltiples fuentes (Flickr, Wikimedia, penclipart, redes sociales, noticias, etc.) a partir de una palabra clave.

2.1.6. Morguefile

Nombre:	Morguefile
Web:	http://www.morguefile.com
Idioma:	ENG
Complejidad:	Baja
Palabras clave:	imágenes, fotografías, vídeos, copyright free, gratis

Morguefile es un directorio que directorio ofrece imágenes de alta resolución gratis para uso personal o comercial.

Su objetivo es ofrecer material gráfico de referencia para ilustradores, artistas, diseñadores, profesores o cualquier persona que necesite un recurso gráfico. Los mejores resultados se obtienen buscando en inglés.

2.1.7. Creative Commons

Nombre:	Creative Commons
Web:	https://search.creativecommons.org/
Idioma:	ENG
Complejidad:	Baja
Palabras clave:	imágenes, fotografías, vídeos, copyright free, gratis, creative commons

Creative Commons permite localizar recursos con esta misma licencia desde múltiples fuentes (Google Images, Flickr, Pixabay, Wikimedia, Openclipart...) a partir de una palabra clave.
Los recursos son imágenes, archivos multimedia (SpinXpress), archivos de audio (Jamendo, ccMixter, Soundcloud) y vídeos (Youtube).

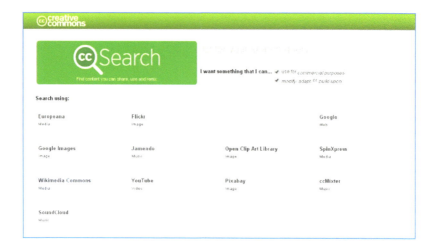

2.1.8. Creativevix

Nombre:	Creativevix
Web:	http://creativevix.com/
Idioma:	ENG
Complejidad:	Baja
Palabras clave:	imágenes, fotografías, vídeos, copyright free, gratis

Creativevix es un buscador de imágenes libres para uso personal y comercial.

También tiene el apartado "Designer world" de artículos y contenidos para diseñadores.

2.2. DESCARGAR DE WEB

2.2.1 Web capture

Nombre:	Web capture
Web:	http://web-capture.net/
Idioma:	ENG
Complejidad:	Baja
Palabras clave:	imágenes, descargar

Web capture descarga la página web que abre un enlace en varios formatos posibles: jpg (mayor calidad), png (mayor resolución), pdf y también en tiff, bmp y svg.

Puedes usarlo para capturar por ejemplo un link de la Wikipedia en pdf u obtener el pantallazo vertical completo de una página web. Sin registro: se introduce la URL a capturar y se pulsa en "Capture web page". Se puede añadir como marcador o bookmarklet al navegador para utilizarlo en cualquier momento sobre la web que se esté visitando en ese momento.

2.2.1. Image Fetcher

Nombre:	Image fetcher
Web:	http://samples.geekality.net/image-fetcher/
Idioma:	ENG
Complejidad:	Baja
Palabras clave:	Imágenes, descargar

Image Fetcher muestra únicamente todas las imágenes encontradas en una URL o dirección web determinada.

Muy útil para explorar todo tipo de catálogos online viendo sólo las imágenes.

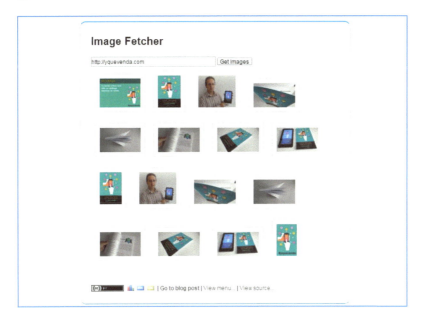

2.3. EDICIÓN DE IMÁGENES

2.3.1. Iconizer

Nombre:	Iconizer
Web:	http://iconizer.net
Idioma:	ENG
Complejidad:	Baja
Palabras clave:	Imágenes, iconos, buscador, conversor

Iconizer es un buscador y generador de iconos.

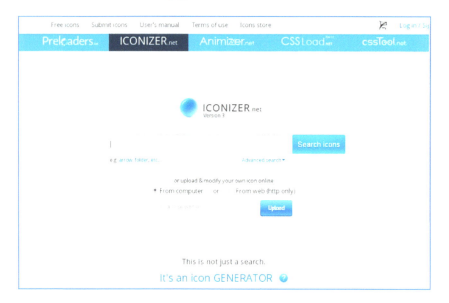

2.3.2. Resize your image

Nombre:	Resizeyourimage
Web:	http://resizeyourimage.com/
Idioma:	ENG
Complejidad:	Baja
Palabras clave:	Imágenes, redimensionar, editar, edición

Resizeyourimage cambia el tamaño imágenes y exporta a distintos formatos.

2.3.3. Pixlr

Nombre:	Pixlr
Web:	http://pixlr.com
Idioma:	ENG
Complejidad:	Media
Palabras clave:	Imágenes, edición,

Pixlr es un "Photoshop" online, un editor gráfico con múltitud de opciones y resultados profesionales.

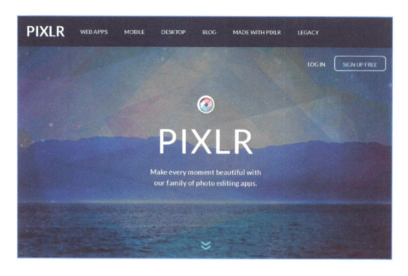

2.3.4. Waifu2x

Nombre:	Waifu2x
Web:	http://waifu2x.udp.jp/index.es.html
Idioma:	ESP
Complejidad:	Baja
Palabras clave:	Imágenes, conversor, tamaño

Waifu2x duplica el tamaño de tus imágenes (ilustraciones y fotograrías), mejorando su resolución sin pixelarlas o haciéndolas borrosas.

El límite en tamaño para los archivos a subir es de 3 Mb y el aumento de la resolución es hasta 1280x1280px.

2.3.5. Picresize

Nombre:	Picresize
Web:	http://picresize.com/
Idioma:	ENG
Complejidad:	Baja
Palabras clave:	Imágenes,

Picresize te permite subir una imagen de tu equipo o desde la web a través de su URL y realizar las siguientes acciones: recortarla, rotarla o invertirla, cambiar su tamaño y aplicarle filtros. Finalmente puedes exportarla a distintos formatos (jpg, gif, png y bmp), calidades e incluso indicando un tamaño máximo de archivo. Y todo sin necesidad de registro.

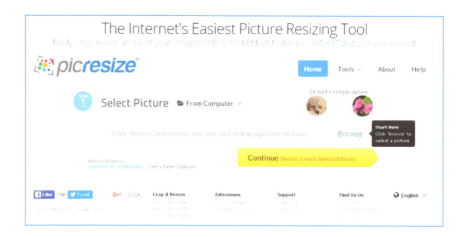

2.4. DISEÑO BANNERS Y OTROS

2.4.1. Diseño gráfico: Canva

Nombre:	Canva
Web:	https://www.canva.com/
Idioma:	ESP
Complejidad:	Medio
Palabras clave:	Diseño, presentaciones, plantillas, memes

Canva permite diseñar fácilmente usando "drag&drop"(arrastrar y soltar) en los distintos elementos que pone a disposición del usuario (plantillas, iconos, imágenes, marcos, texturas...). Desde añadir textos a tus imágenes para crear memes o banners, a opciones avanzadas de edición (ajustes, filtros, etc.).

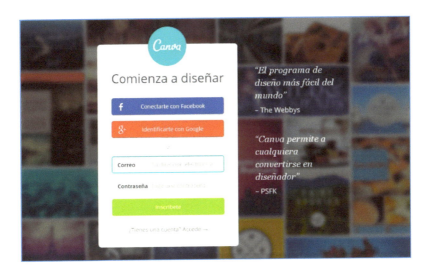

2.4.2. Creador animaciones: html5maker

Nombre:	Html5maker
Web:	http://html5maker.com/
Idioma:	ENG
Complejidad:	Baja
Palabras clave:	Imágenes,

Html5maker tiene más de 200 plantillas para crear animaciones, banners y presentaciones de diapositivas (sliders).

El resultado final no se descarga, para acceder o compartirlo hay que usar un enlace, en caso de querer publicarlo en tu web o blog tenemos un código html para insertarlo.

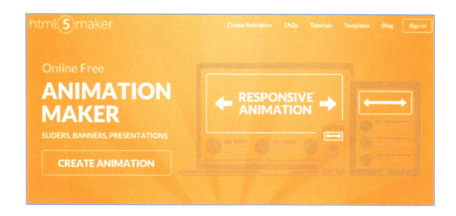

2.4.3. Creador gifs: GifGear

Nombre:	GifGear
Web:	http://gifgear.com/
Idioma:	ENG
Complejidad:	Baja
Palabras clave:	Imágenes,

GifGear crea gifs y banners animados a partir de imágenes subidas desde tu equipo, publicadas en una web o tomadas desde la cámara.

Tiene tamaños predeterminados, se puede seleccionar en el desplegable Size el modo "Auto" para que use las dimensiones de la imagen subida y también se puede personalizar con la opción "Custom".

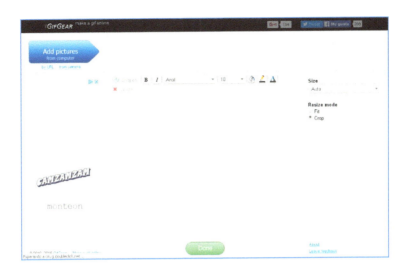

2.4.4. Creador nube de palabras: Wordle

Nombre:	Wordle
Web:	http://www.wordle.net/
Idioma:	ENG
Complejidad:	Baja
Palabras clave:	Imágenes,

Wordle es un generador de nubes de palabras a partir de un texto dando más importancia a las palabras que aparecen más frecuentemente.

El diseño final puede configurarse con diferentes estilos, tipos de letra y colores, para finalmente descargarlo.

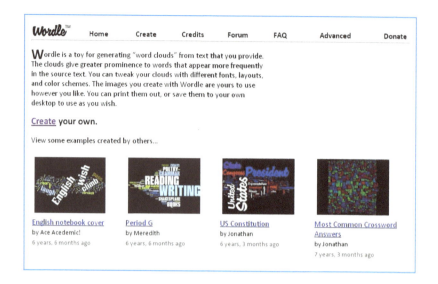

2.4.5. Paletas de color: Lolcolors & Paletton

Nombre:	Lolcolors
Web:	http://www.lolcolors.com/
Idioma:	ENG
Complejidad:	Baja
Palabras clave:	Diseño, colores, paleta

Lolcolors son muestras de paletas de colores, pueden seleccionarse por más recientes y populares. Los códigos de color aparecen al situarse sobre el color y están en codificación RGB (ej: #ffcc33).

Nombre:	Paletton
Web:	http://paletton.com/
Idioma:	ENG
Complejidad:	Baja
Palabras clave:	Diseño, colores, paleta

Paletton es una paleta dinámica de colores que te permite seleccionar combinaciones de color en un círculo cromático o indicar directament el código RGB de color a partir del cual se generan las combinaciones con variaciones de brillo y saturación.

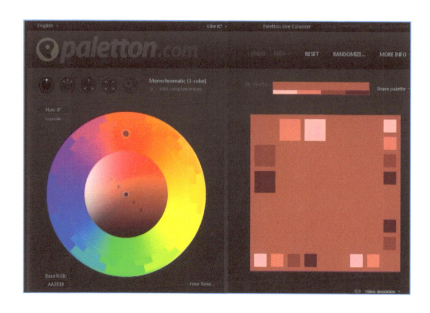

3

PUBLICACIÓN

3.1.   Imágenes: Imgur

Nombre:	Imgur
Web:	http://imgur.com/
Idioma:	ENG
Complejidad:	Baja
Palabras clave:	Imágenes, publicación, conversor video, gif

Imgur permite publicar una imagen de forma pública o privada (en este caso siempre se podrá compartir usando una URL específica que será generada) , así como convertir Vídeo a gif animado o hacer un meme. Las imágenes pueden subirse desde tu equipo, arrastrando y soltando, indicando su URL si ya están publicadas en internet o pegando directamente desde el portapapeles con CTRL+V.

3.2. Presentaciones Powerpoint: Slideshare

Nombre:	Slideshare
Web:	http://slideshare.net/
Idioma:	ENG
Complejidad:	Medio
Palabras clave:	Presentaciones, Powerpoint, pdf, documentos, diapositivas, slides, publicación

SlideShare ofrece a los usuarios la posibilidad de subir y compartir en público o en privado presentaciones de diapositivas en PowerPoint, documentos de Word, OpenOffice y PDF.

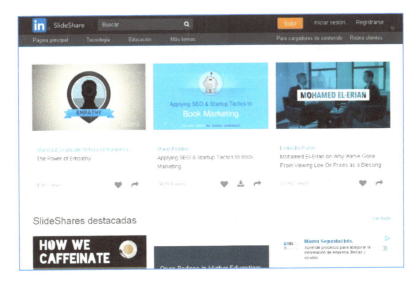

3.3. Blogs

3.3.1. Wordpress

Nombre:	Wordpress
Web:	http://www.wordpress.com
Idioma:	ESP
Complejidad:	Medio
Palabras clave:	Blog, publicación

Wordpress es una plataforma de publicación de blogs, tanto personales como profesionales (siendo entonces recomendadable contratar servicios premium para asociarlo a un dominio o descargar el paquete de instalación de wordpress.org).

Muchas plantillas dónde elegir. No permite insertar código de terceros ni incluir publicidad (ej: banners, Google Adsense, programas de afiliación, etc.).

3.3.2. Blogger

Nombre:	Blogger
Web:	http://www.blogger.com
Idioma:	ESP
Complejidad:	Medio
Palabras clave:	Blog, publicación

Blogger es la plataforma de blogs de Google. Tiene menos plantillas que Wordpress pero permite introducir código de terceros así como publicidad. Se puede asociar un dominio al blog para no tener la dirección del tipo http://miblog.blogspot.com.es

3.3.3. Tumblr

Nombre:	Tumblr
Web:	https://www.tumblr.com/
Idioma:	ESP
Complejidad:	Baja
Palabras clave:	Blog, publicación, microblogging

Tumblr indica en su web que es tan fácil de usar que es difícil explicar qué es...

Tiene 7 tipos de publicaciones: texto, foto, cita, enlace, chat, audio y vídeo. Es también una red social: puedes buscar contenidos interesantes y seguir sus publicaciones.

3.3.4. Pen.io

Nombre:	Pen
Web:	**http://pen.io**
Idioma:	ENG
Complejidad:	Baja
Palabras clave:	Blog, publicación, microblogging

Pen es una herramienta de publicación minimalista para incluir textos, enlaces e imágenes. Sólo es necesario indicar el nombre de la página a crear (ej: "enlanube" daría lugar a la dirección: http://enlanube.pen.io/) y una contraseña para poder editarla posteriormente (si esa contraseña la compartes, podréis editar de forma colaborativa ese mismo contenido entre varias personas).

3.3.5. FreeTextHost

Nombre:	FreeTextHost
Web:	**http://freetexthost.com/**
Idioma:	ESP
Complejidad:	Baja
Palabras clave:	Blog, publicación, microblogging

FreeTexthost permite publicar de forma anónima un texto de hasta 50.000 caracteres, de forma permanente o con fecha de caducidad indicando el número de días en el que estará disponible.

Puede establecerse opcionalmente una contraseña para acceder al contenido una vez publicado, así como para editarlo posteriormente.

3.4. WEB

3.4.1. Página web: Weebly

Nombre:	Weebly
Web:	http://weebly.com
Idioma:	ESP
Complejidad:	Baja
Palabras clave:	web, publicación

Weebly permite crear un sitio Web completamente fucional simplemente arrastrando y soltando imágenes y texto. Se pueden crear desde blogs y páginas personales a tiendas online.
El plan gratuito tiene 500Mb de espacio, no permite la indexación por los buscadores y lleva la publicidad o logo de Weebly (comparativa planes en: http://www.weebly.com/pricing).

3.4.2. Página web personal: About.me

Nombre:	About.me
Web:	http://about.me
Idioma:	ENG
Complejidad:	Baja
Palabras clave:	web, publicación

About.me es una página web personal donde enlazar todos tus perfiles en redes sociales y otros enlaces de interés relacionados con tu actividad personal o profesional.
Se obtiene una dirección tipo about.me/minombre

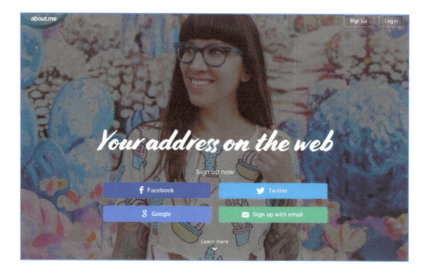

3.4.3. Hosting gratuito: Byethost

Nombre:	Byethost
Web:	http://byethost.com
Idioma:	ENG
Complejidad:	Baja
Palabras clave:	web, publicación

Byethost ofrece un plan de alojamiento gratuito de 1Gb que incluye soporte para base de datos Mysql y PHP (lenguaje de programación para páginas dinámicas), acceso FTP y el panel de control Vistpanel, desde el que podrás con el Automatic Script Installer instalar aplicaciones web como PHPbb, Wordpress, Zen-Cart, osCommerce, Coppermine y Joomla entre otras. Y todo además sin publicidad.

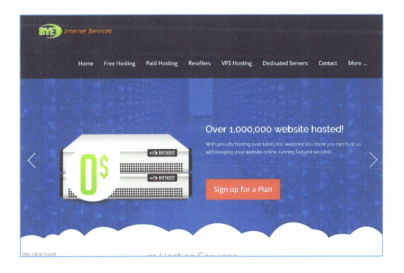

4

ALMACENAMIENTO

4.1. VIRTUAL Y COMPARTIDO

4.1.1 Dropbox

Nombre:	Dropbox
Web:	http://www.dropbox.com
Idioma:	ESP
Complejidad:	Baja
Palabras clave:	almacenamiento, alojamiento, disco duro virtual

Dropbox es un servicio de alojamiento de archivos multiplataforma en la nube. El servicio permite almacenar y sincronizar archivos en línea y entre distintos equipos y compartir archivos y carpetas con otras personas.

Tiene una versión para escritorio que permite realizar la sincronización de directorios de tu equipo en local.

4.1.2 Google Drive

Nombre:	Google Drive
Web:	http://www.google.com/drive
Idioma:	ESP
Complejidad:	Baja
Palabras clave:	almacenamiento, alojamiento, disco duro virtual

Google Drive además de ser un paquete de aplicaciones en la nube como comentábamos al principio puede utlizarse también como un disco duro en la nube para tener acceso permanente a nuestros archivos y poder compartirlos.

Una utilidad muy práctica es la de realizar copia de seguridad de nuestras conversaciones de Whatsapp, para más información: https://www.whatsapp.com/faq/es/android/28000019

4.2. ENVIO DE ARCHIVOS

4.2.1 Filedropper

Nombre:	Filedropper
Web:	http://www.filedropper.com
Idioma:	ENG
Complejidad:	Baja
Palabras clave:	almacenamiento, alojamiento, disco duro virtual

Filedropper permite enviar archivos de hasta 5Gb. No necesita registro ni indicar e-mail para el destinatario, se sube el archivo y se obtiene un enlace de descarga para compartir.

4.2.2 Wetransfer

Nombre:	Wetransfer
Web:	http://www.wetransfer.com
Idioma:	ESP
Complejidad:	Baja
Palabras clave:	almacenamiento, alojamiento, disco duro virtual

Wetransfer es un servicio de almacenamiento en nube que permite cargar y descargar archivos de gran tamaño, hasta 2Gb (con una cuenta Plus se pueden enviar archivos de hasta 20 GB).
Los archivos pueden ser de cualquier formato (vídeos, archivos comprimidos zip, imágenes...) y pueden compartirse con hasta 20 destinatarios. Estos archivos estarán disponibles durante 7 días. Sin registro.

4.3. BACKUP

4.3.1. Copia de seguridad: Fbackup

Nombre:	Fbackup
Web:	http://www.fbackup.com/es/
Idioma:	ESP
Complejidad:	Baja
Palabras clave:	almacenamiento, disco duro virtual, backup

FBackup es un software de escritorio para copias de seguridad (sí, es de escritorio pero la copia de seguridad se almacenará en la nube: en una carpeta de Dropbox por ejemplo).
El interfaz de FBackup te guía por el proceso de backup: elegir destino de la copia (carpeta de Dropbox que tendremos previamente sincronizada), carpeta a copiar (fuente) y cómo deseamos hacer la copia de seguridad (usando copia de seguridad completa que comprime (zip) los archivos, o copia de seguridad espejo, que no los comprime). Y finalmente cuándo deseamos hacer el backup (se puede programar un respaldo automático o hacerlo manualmente).

5.1.   Agenda: Google calendar

Nombre:	Google calendar
Web:	http://www.google.com/calendar
Idioma:	ESP
Complejidad:	Baja
Palabras clave:	Organización, tareas, GTD, gestión del tiempo, agenda

Google Calendar es la agenda y calendario electrónico de Google. Permite sincronizarlo con los contactos de Gmail de manera que podamos invitarlos y compartir eventos.

Si pierdes tu teléfono,no pierdes tu agenda.

5.2. GTD: Remember the milk

Nombre:	Remember the milk
Web:	http://www.rememberthemilk.com
Idioma:	ESP
Complejidad:	Baja
Palabras clave:	Organización, tareas, GTD, gestión del tiempo, agenda

Remember The Milk (RTM) es una aplicación web que permite administrar listas de tareas y su tiempo de gestión desde cualquier dispositivo (también está disponible como app para Android y iOs).

Las tareas añadidas pueden ser editadas: asignarle prioridades, ser aplazadas, organizarlas por etiquetas y también permite añadir ubicaciones que se integran con Google maps.

5.3. Organizador: Trello

Nombre:	Trello
Web:	https://trello.com/
Idioma:	ESP
Complejidad:	Media
Palabras clave:	Organización, proyectos, tareas, GTD, gestión del tiempo

Trello es una herramienta de gestión de proyectos que hace sencilla que la organización y colaboración. Sirve para muchas cosas, desde organizar proyectos en el trabajo a tareas del hogar, viajes, etc.

5.4. Doodle

Nombre:	Doodle
Web:	**http://www.doodle.com**
Idioma:	ESP
Complejidad:	Baja
Palabras clave:	Organización, tareas, GTD, gestión del tiempo, agenda

Doodle ofrece una amplia selección de soluciones en línea que simplifican la planificación de citas y reuniones, desde encuestas para eventos de grupo, que no requieren registro, a servicios profesionales de reservas.

5.5. Temporizadores: Moosti

Nombre:	Moosti
Web:	http://www.moosti.com/
Idioma:	ENG
Complejidad:	Baja
Palabras clave:	Organización, tareas, GTD, gestión del tiempo, agenda

Moosti es un temporizador que puede ayudarnos a usar la técnica Pomodoro de productividad (https://es.wikipedia.org/wiki/T%C3%A9cnica_Pomodoro).

Para ello presenta 3 configuraciones iniciales: Focus(de 10 a 60 minutos), Short Break(de 3 a 5 minutos) y Long Break (de 10 a 30 minutos). Al llegar al límite de tiempo, se mostrará una notificación (la primera vez tendremos que darle permisos para mostrar la notificación).

5.6.   Control tiempo: Harvest y Toggl

Nombre:	Harvest
Web:	https://www.getharvest.com
Idioma:	ENG
Complejidad:	Media
Palabras clave:	Proyectos, tareas, GTD, gestión del tiempo, facturación, tracking

Harvest gestiona y controla el tiempo invertido en clientes y proyectos para poder facturar posteriormente al tiempo empleado. Características: multidivisa en generación de facturas, compatibilidad iPhone y Android, widgets para escritorio, opciones de importación y exportación, integración con Google Apps. Plan Free: 1 usuario, 4 clientes y 2 proyectos.

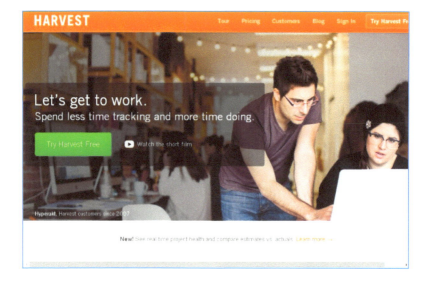

Nombre:	Toggl

Web:	https://toggl.com
Idioma:	ENG
Complejidad:	Media
Palabras clave:	Organización, tareas, GTD, gestión del tiempo, agenda

Toggl similar a Harvest, incluye control del tiempo y desglose por todas las personas que participan en el proyecto. Su plan free es para 5 usuarios.

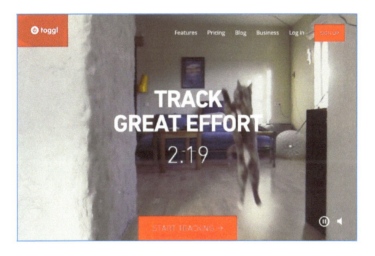

5.7.   Wunderlist

Nombre:	Wunderlist
Web:	https://www.wunderlist.com/es/
Idioma:	ESP
Complejidad:	Baja
Palabras clave:	Organización, tareas, GTD, gestión del tiempo, agenda

Wunderlist es un planificador de tareas personales y profesionales, sirve tanto para organizar unas vacaciones, compartir una lista de la compra   o administrar varios proyectos de trabajo. Puedes establecer fechas de vencimiento y avisos y asignar tareas pendientes a colaboradores, amigos y familiares.

Disponible de forma gratuita en iPhone, iPad, Mac, Android, Windows, Kindle Fire y en la web.

6

OBTENER INFORMACIÓN

6.1. BUSCADORES

6.1.1.   Búsqueda avanzada: Google

Nombre:	Búsqueda avanzada de Google
Web:	http://www.google.es/advanced_search
Idioma:	ESP
Complejidad:	Baja
Palabras clave:	Buscador, búsqueda avanzada

En la búsqueda avanzada de Google para sitios web (http://www.google.es/advanced_search) podemos filtrar por Idioma, Región, Última actualización, Sitio o dominio, SafeSearch, Nivel de lectura, Tipo de archivo o Derechos de uso.
Y en el caso imágenes (http://www.google.es/advanced_image_search) podemos filtrar por Tamaño de la imagen, Proporción, Colores, Tipo de imagen, Sitio o dominio, Tipo de archivo, SafeSearch o Derechos de uso.

6.1.2. Buscador alternativo a Google: Bing

Nombre:	Bing
Web:	http://www.bing.com
Idioma:	ESP
Complejidad:	Baja
Palabras clave:	Buscador

Bing es el buscador web de Microsoft que sustituyó a Yahoo search.

6.1.3. Buscador alternativo a Google: DuckDuckGo

Nombre:	DuckDuckGo
Web:	http://www.duckduckgo.com
Idioma:	ESP
Complejidad:	Baja
Palabras clave:	Buscador

DuckDuckGo (DDG) es un motor de búsqueda que utiliza la información de sitios de origen público como Wikipedia con el objetivo de aumentar los resultados tradicionales y mejorar la relevancia.

La filosofía de DuckDuckGo hace hincapié en la privacidad y en no registrar la información del usuario.

6.1.4. Buscador de logos: Instantlogosearch

Nombre:	Instant Logo Search
Web:	http://instantlogosearch.com
Idioma:	ENG
Complejidad:	Baja
Palabras clave:	Buscador, logos, imágenes

Instantlogosearch es un buscador de logotipos de las principales marcas y empresas. Útil para localizar los logos oficiales y con calidad para usar en nuestros proyectos y trabajos.

6.2. AUTOMATIZACIÓN

6.2.1. Lector de feeds: Feedly

Nombre:	Feedly
Web:	http://www.feedly.com
Idioma:	ESP
Complejidad:	Media
Palabras clave:	Lector feed, RSS, sindicación, suscripción, actualización

Feedly es un lector de RSS que permite organizar y acceder rápidamente a todas las noticias y actualizaciones de blogs y demás páginas que tengan un canal o feed RSS (Really Simple Sindication). Se puede compartir con otros usuarios dándoles datos de acceso temporales que podremos cambiar posteriormente.

79

Un canal o feed RSS es un formato de archivo en XML que contiene los últimos contenidos publicados, sean artículos de un blog o productos de una determinada categoría en una tienda online.

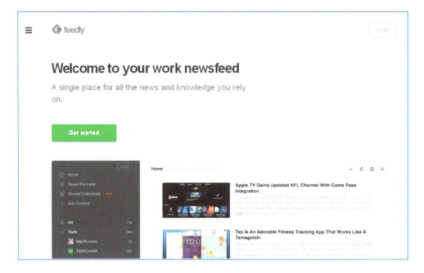

6.2.2. Feedmyinbox

Nombre:	Feedmyinbox
Web:	https://www.feedmyinbox.com/
Idioma:	ENG
Complejidad:	Baja
Palabras clave:	Feed, RSS, sindicación, suscripción, actualización, correo electrónico, e-mail

Feedmyinbox te permite recibir los canales RSS de cualquier web o blog vía e-mail.

6.2.3. Alertas: Mention

Nombre:	Mention
Web:	http://www.mention.net
Idioma:	ESP
Complejidad:	Baja
Palabras clave:	Alertas, monitorización, actualización, correo electrónico, e-mail

Mention monitoriza en tiempo real todo lo que se diga sobre una palabra o término en la web y en las redes sociales, enviándote por e-mail un aviso y permitiendo así responder de manera eficaz a todas las menciones.

6.2.4. Búsquedas: Google alerts

Nombre:	Google alerts
Web:	http://www.google.com/alerts
Idioma:	ESP
Complejidad:	Baja
Palabras clave:	Alertas, búsquedas, monitorización, actualización, correo electrónico, e-mail

Google alerts automatiza nuestras búsquedas de forma que Google nos envía por correo electrónico una notificación en caso de encontrar resultados en base a una serie de parámetros previamente configurados como frecuencia (en el momento, diaria, semanal...), fuente o medio donde se encuentre ese resultado (noticias, blogs, web, vídeo...) o idioma, entre otros.

Ese resultado también puede generar un feed RSS al que deberemos suscribirnos con nuestro lector de feeds (ej: Feedly).

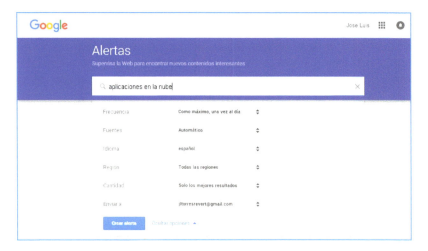

6.3. GUARDAR NOTAS Y ENLACES

6.3.1. Evernote

Nombre:	Evernote
Web:	https://evernote.com/intl/es/
Idioma:	ESP
Complejidad:	Media
Palabras clave:	Notas, ideas, contenido, guardar, creatividad

Evernote te ayuda a transformar tus ideas desde el momento en que las concibes hasta que las finalizas. Para ello, puedes crear listas o tareas, y guardar todo tipo de contenido y materiales relacionados (textos, imágenes, enlaces, archivos, etc.). También dispone de app en Android y iOs.

6.3.2. Keep

Nombre:	Keep
Web:	https://www.google.com/keep/
Idioma:	ESP
Complejidad:	Media
Palabras clave:	Notas, ideas, contenido, guardar, creatividad

Keep es una aplicación de Google que nos permite crear tanto notas como recordatorios sin ningún tipo de limitación a la hora de añadir formato o archivos adjuntos.

Disponible para Android, iOS, Chrome (vía extensión) y cualquier navegador a través de su web.

6.3.3. Sniipt

Nombre:	Sniipit
Web:	http://sniipit.io/
Idioma:	ENG
Complejidad:	Baja
Palabras clave:	Notas, contenido, guardar, citas, extensión Chrome

Sniipt es una aplicación para guardar citas y fragmentos de texto de cualquier web.
Pueden añadirse manualmente pero lo ideal es instalar la extensión para Chrome que permite seleccionar el fragmento o cita y guardarlo desde la opción "Sniiptit" una vez instalada la extensión (**https://chrome.google.com/webstore/detail/sniipit/bffeigcbedjj daoolgabmmjdacmghnnc**).

6.3.4. Futz

Nombre:	Futz
Web:	http://futz.me
Idioma:	ENG
Complejidad:	Media
Palabras clave:	Notas, contenido, guardar, enviar, e-mail

Futz es un servicio que nos permite enviar textos, imágenes, links y otras informaciones a nuestro emai sin necesidad de abrir ningún sitio o identificarse, sólo con escribir en el navegador una URL tipo futz.me/*miusuario* contenido a enviar

6.3.5. Pocket

Nombre:	Pocket
Web:	https://getpocket.com
Idioma:	ESP
Complejidad:	Media
Palabras clave:	Notas, contenido, guardar

Pocket es aplicación para guardar los enlaces a vídeos, imágenes, texto y cualquier tipo de contenido.

Puedes guardar los enlaces directamente desde el navegador, desde el correo electrónico o incluso desde aplicaciones como Twitter.

Está disponible como app para Android y iOs, y una vez guardado en Pocket, el contenido enlazada está disponible sin conexión a Internet.

6.3.6.   Delicious

Nombre:	Delicious
Web:	https://delicious.com/
Idioma:	ENG
Complejidad:	Media
Palabras clave:	Contenido, enlaces, guardar, compartir, organización

Delicious es un servicio para guardar, descubrir, compartir y organizar enlaces.

7

CORREO ELECTRÓNICO

7.1. UTILIDADES

7.1.1. Configuración y sincronización cuentas externas: Gmail

Nombre:	Gmail
Web:	**https://support.google.com/mail/answer/21289**
Idioma:	ESP
Complejidad:	Baja
Palabras clave:	E-mail, correo electrónico, sincronizar, Gmail

Gmail permite consultar varias cuentas de correo. La función Obtención de mensajes de Gmail primero importa todos tus mensajes antiguos a Gmail, y luego sigue trayendo los nuevos mensajes que recibas en la otra cuenta. Puedes añadir hasta 5 cuentas (sumadas las de Gmail y las de otros proveedores de correo electrónico).

Para otras formas de traer tus mensajes de otras cuentas a Gmail:
https://support.google.com/mail/answer/56283?hl=es

7.1.2. Mailinator

Nombre:	Mailinator
Web:	**http://www.mailinator.com**
Idioma:	ENG
Complejidad:	Baja
Palabras clave:	E-mail, correo electrónico

Mailinator es un servicio web para usar correos desechables, esto es, te permite recibir correo electrónico en una cuenta sin ni siquiera tener que crearla (se crea en el momento de recibir un correo), por ejemplo: enlanube@mailinator.com
Sin registro ni contraseñas.

7.1.3. Extractor e-mails

Nombre:	Emailx
Web:	**http://emailx.discoveryvip.com**
Idioma:	ENG
Complejidad:	Baja
Palabras clave:	E-mail, correo electrónico

Emailx te permite extraer e-mails de un fragmento de texto, separándolos por diferentes caracteres (para facilitar su posterior importación en nuestra aplicación de envío de correo), agrupándolos por número (ej: en grupos de 100), así como ordenarlos alfabéticamente o contarlos.

7.2. MAILING

7.2.1. Mdirector

Nombre:	Mdirector
Web:	http://www.mdirector.com
Idioma:	ESP
Complejidad:	Media
Palabras clave:	E-mail marketing, campaña e-mail, correo electrónico

Mdirector es una plataforma de Email Marketing que incorpora un generador de Landing Pages y multitud de plantillas.

Algunas características: diseño responsive, tests de spam, vista previa en gestores de correo electrónico, informes y estadísticas, gestión de bajas y optimizador de campañas (Test A/B)

El plan gratuito llega al envío de 5.000 e-mails mensuales.

7.2.2. Psmailer

Nombre:	Psmailer
Web:	https://psmailer.com/web/
Idioma:	ESP
Complejidad:	Media
Palabras clave:	E-mail marketing, campaña e-mail, correo electrónico

Psmailer permite realizar campañas de e-mail marketing de forma rápida y sencilla: importas lista de contactos, creas el contenido a enviar, seleccionas una lista de destinatarios y programas el envío.

Dispone de editor HTML para subir y editar imágenes, editar textos, enlaces, etc. así como estadísticas de cada campaña realizada (nº de envíos, recibidos, aperturas, clics, etc.) y la gestión de bajas de suscriptores.

El plan gratuito llega al envío de 5.000 e-mails mensuales.

7.2.3. Mailchimp

Nombre:	Mailchimp
Web:	http://www.mailchimp.com
Idioma:	ENG
Complejidad:	Media
Palabras clave:	E-mail marketing, campaña e-mail, correo

Mailchimp es quizás la plataforma más utilizada por su antigüedad en el mercado. Funcionamiento similar a las herramientas anteriores y con interfaz muy intuitivo. El plan gratuito permite 2.000 suscriptores y 12.000 envíos al mes.

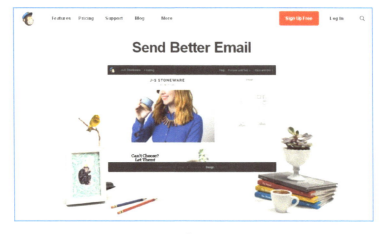

8

COMUNICACIÓN

8.1. CONVERSACIÓN Y CHAT

8.1.1. Whatsapp web

Nombre:	Whatsapp web
Web:	https://web.whatsapp.com
Idioma:	ESP
Complejidad:	Baja
Palabras clave:	Whatsapp, mensajería, comunicación, chat

Whatsapp web es como imaginarás acceder a la aplicación Whatsapp pero a través del navegador web de tu equipo de escritorio, aprovechando así la rapidez de escritura que te dará usar Whatsapp de este modo.

Sólo tienes que escanear el código QR (abrimos WhatsApp, tocamos los tres puntos para acceder al menú de opciones y elegimos WhatsApp Web. Se abrirá la cámara y con esta deberemos apuntar al código que vemos en el monitor).

8.1.2. Google hangouts

Nombre:	Google Hangouts
Web:	https://hangouts.google.com/?hl=es
Idioma:	ESP
Complejidad:	Baja
Palabras clave:	hangout, mensajería, comunicación, chat, videoconferencia

Google Hangouts es una aplicación multiplataforma de mensajería instantánea que puede enriquecer tus conversaciones con fotos, emojis y videollamadas de grupo gratuitas.

Disponible también como app para Android, pudiendo sincronizar tus chats en todos los dispositivos y continuar la conversación donde estés.

8.1.4.   Hack.chat

Nombre:	Hack.chat
Web:	https://hack.chat
Idioma:	ENG
Complejidad:	Baja
Palabras clave:	mensajería, comunicación, chat

Hack.chat es la forma más sencilla y rápida de crear una sala de chat anónima, sólo hay que poner el nombre de tu sale de chat al final de "https://hack.chat/?", por ejemplo https://hack.chat/?enlanube y listo, sólo texto eso sí.

Para salas de chat con más opciones tenemos las siguientes aplicaciones.

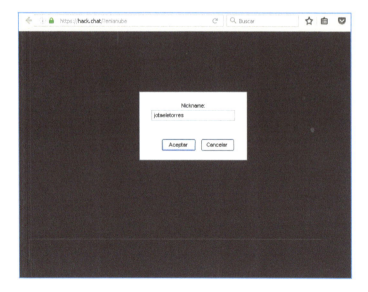

8.1.5. Chatstep.com

Nombre:	Chatstep
Web:	https://www.chatstep.com/
Idioma:	ENG
Complejidad:	Media
Palabras clave:	mensajería, comunicación, chat

Chatstep te permite crear en el momento y sin necesidad de registro un sala de chat donde compartir además fácilmente imágenes y enlaces.

Tiene muchas opciones de configuración para la sala una vez creada: silenciar participantes, mensajes privados, descargar transcripción, etc. así como la opción de compartir el enlace a la sala en Twitter o el código html del iframe para insertarla en tu página web o blog. La sala permite hasta 50 participantes y la aplicación optimizada para móvil.

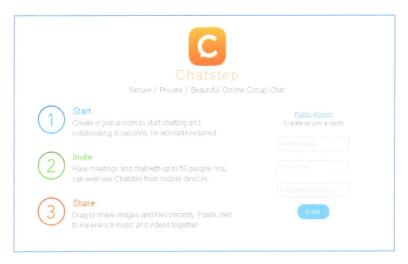

8.1.6. Niltalk

Nombre:	Niltalk
Web:	https://niltalk.com/
Idioma:	ENG
Complejidad:	Baja
Palabras clave:	mensajería, comunicación, chat

Niltalk te permite crear en el momento y sin necesidad de registro un sala de chat para hablar con tu grupo de colaboradores o contactos.

Esta sala de chat "desechable" estará activa 2 horas antes del primer registro y que se cerrará pasados 10 minutos de inactividad. La sala se crea con una contraseña que necesitarán los participantes para entrar, además de la URL para acceder (ej: https://niltalk.com/r/glHdw).

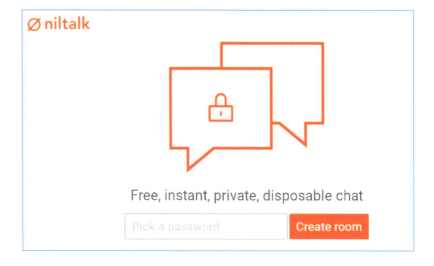

8.2. REDES SOCIALES

8.2.1. Hootsuite

Nombre:	Hootsuite
Web:	https://hootsuite.com/
Idioma:	ENG
Complejidad:	Baja
Palabras clave:	mensajería, comunicación, chat

Hootsuite te permite administrar todas sus redes sociales, programar mensajes y realizar interacciones, ahorrándote tiempo y optimizando las publicaciones. Se pueden crear varios usuarios con perfil colaborador para administrar la cuenta ygenera informes de cómo se están funcionando tus interacciones en las redes sociales, el crecimiento de seguidores y qué contenido tiene más impacto.
El plan Free (https://hootsuite.com/es/plans/free) permite 3 perfiles de redes sociales, programación de mensajes y análisis básico.

8.2.2. Buffer

Nombre:	Buffer
Web:	http://buffer.com
Idioma:	ENG
Complejidad:	Media
Palabras clave:	automatización, redes sociales, programación, actualización

Buffer facilita la gestión y actualización de las redes sociales, programando las diferentes actualizaciones o configurándolas para que se publiquen cuando puedan tener mayor alcance.
El plan gratuito es para 1 usuario con 1 perfil por red social: TWitter, Facebook Linkedin y Google+ (no incluye Pinterest) y un límite de 10 actualizaciones o posts por perfil. Disponible en web, como extensión para navegador y en app para Android y iOS.

Recomendable también la utilidad para **crear imágenes con textos** (sin registro previo): https://buffer.com/pablo

8.2.3. IFFTT

Nombre:	IFFTTT
Web:	https://ifttt.com/
Idioma:	ENG
Complejidad:	Media
Palabras clave:	automatización, redes sociales, programación, actualización

IFFTT es una aplicación para conectar todo tipo de servicios entre sí y ahorrarnos así tiempo en la gestión de los mismos. Puede integrar también la conexión con wearables y otros dispositivos del hogar (Internet of Things). como el termostato Nest o las bombillas Philips Hue.

Las posibilidades son casi infinitas, podemos crear nuestras propias "recetas" o usar cualquiera de las disponibles como por ejemplo sincronizar los contenidos que tenemos en Google Drive con Dropbox (**https://ifttt.com/recipes/54687-sync-new-files-added-to-dropbox-to-google-drive**).

El primer paso sería identificar los servicios que más utilizamos y ver qué tipo de relación podemos establecer entre ellos mediante el enunciado de "SI hago u ocurre esto, ENTONCES que pase esto" (de ahí el nombre en inglés de la aplicación por cierto).

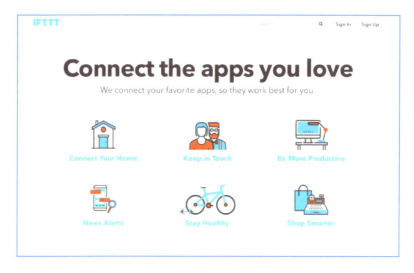

8.2.4. Crowdfire (para Twitter)

Nombre:	Crowdfire
Web:	https://www.crowdfireapp.com/
Idioma:	ESP
Complejidad:	Baja
Palabras clave:	automatización, redes sociales, programación, actualización, Twitter

Crowdfire (antigua JustUnFollow) es una aplicación que ayuda a gestionar los seguidores de Twitter e Instagram, y nos facilita encontrar nuevos usuarios a los que seguir y conseguir nuevos seguidores.

Entre las utilidades que ofrece están: ver quién nos sigue per no seguimos y viceversa, ver unfollows recientes, seguidos inactivos, copiar seguidores, seguir palabras clave, listas blancas y negras, así como automatizar acciones entre otras.

Disponible como app para Android y iOS.

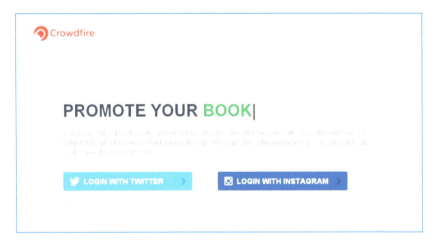

8.2.5. Tweetfavy (para Twitter)

Nombre:	Tweetfavy
Web:	http://tweetfavy.com/
Idioma:	ENG
Complejidad:	Baja
Palabras clave:	automatización, redes sociales, programación, actualización, Twitter

Tweetfavy automatiza distintas acciones a partir de palabras clave: seguir a un usuario, marcar como favorito o retuitear.

Tiene un período de prueba gratuito de 14 días que te permitirá conocer la herramienta y obtener algunos resultados.

9

SEGURIDAD

9.1.   Gestor de contraseñas: Shibbo y Securesafe

Los usuarios cada vez manejamos más y más datos de acceso a servicios en Internet. Estos datos de acceso consisten generalmente en un nombre de usuario o login y una contraseña, además de una URL o dirección web en la que introducir estos datos.

A nuestra memoria además le confiamos otras contraseñas como el PIN del móvil, el desbloqueo de la alarma de casa... estos datos a veces ni siquiera los memorizamos, los apuntamos en un papel que llevamos en la cartera...

Nombre:	Shibbo
Web:	http://www.shibbo.com
Idioma:	ESP
Complejidad:	Baja
Palabras clave:	seguridad, gestor contraseñas, privacidad, claves

Shibbo es un gestor de contraseñas almacena todas tus contraseñas y datos de acceso requiriendo que sólo tengas que recordar una contraseña maestra y un nombre de usuario.

Nombre:	Securesafe
Web:	http://www.securesafe.com
Idioma:	ENG
Complejidad:	Media
Palabras clave:	seguridad, gestor contraseñas, privacidad, claves

Securesafe es una solución más completa donde además de contraseñas, se pueden guardar archivos y documentos, así como enviarlos directamente por e-mail. Destaca la funcionalidad de "**Data inheritance**": designar una persona autorizada para que pueda acceder a la cuenta en caso de fallecimiento.

El Plan gratuito guarda hasta 50 contraseñas y tiene 100Mb de espacio para archivos.

Disponible app para Android y iOS. 100% Suizo: todo está gestionado en Suiza, esto es, los datos no están en USA...

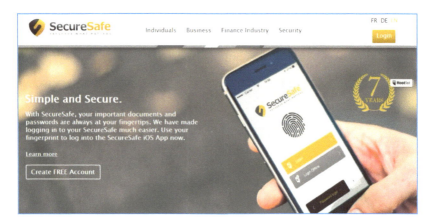

9.2.   Analizar web: URLvoid

Nombre:	URLvoid
Web:	http://www.urlvoid.com
Idioma:	ENG
Complejidad:	Baja
Palabras clave:	seguridad, malware, virus, troyanos

URLvoid analiza una URL en busca de malware. Para usar este servicio sólo hay que introducir la URL del sitio web y en menos de 30 segundos tendrás un informe sobre la seguridad del sitio respecto a malware.
URLvoid usa los motores de varios antivirus como *BrowserDefender, Google Diagnostic, Norton SafeWeb* o *TrendMicro Web Reputation.*

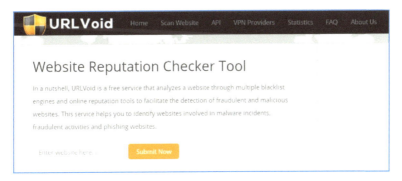

9.3.   Comprobar URL acortada: Checkshorturl

Nombre:	Checkshorturl
Web:	http://checkshorturl.com
Idioma:	ENG
Complejidad:	Baja
Palabras clave:	seguridad, malware, virus, troyanos

Checkshorturl expande cualquier URL acortada y te muestra el enlace al que te dirigirá finalmente esa URL, permitiéndote saber si esa URL que se abrirá es segura o no.

Trabaja con los principales acortadores de URL como t.co, goo.gl, bit.ly, amzn.to, tinyurl.com, ow.ly o youtu.be.

9.4.   Antivirus online: Virustotal

Nombre:	Virustotal
Web:	https://www.virustotal.com/es/
Idioma:	ESP
Complejidad:	Baja
Palabras clave:	seguridad, malware, virus, troyanos, análisis URL

VirusTotal es un servicio gratuito que analiza archivos y URLs sospechosas facilitando la rápida detección de virus, gusanos, troyanos y todo tipo de malware.

9.5. Ver datos EXIF: Verexifonline

Nombre:	Verexif
Web:	http://www.verexif.com/
Idioma:	ESP
Complejidad:	Baja
Palabras clave:	seguridad, privacidad, metadatos, análisis, archivos

Verexif muestra y elimina (opcionalmente) los datos EXIF de un arhivo de imagen, el cual puedes subir a la web (20Mb como tamaño máximo) o indicar su URL o dirección pública en internet.

Los datos EXIF son metadatos relativos a fecha, hora y dispositivo con el que se tomó la fotografía, así como las coordenadas GPS en algunos casos.

9.6. Analizador metadatos: Metashield Analyzer

Nombre:	Metashield Analyzer
Web:	https://metashieldanalyzer.elevenpaths.com/
Idioma:	ESP
Complejidad:	Baja
Palabras clave:	seguridad, privacidad, metadatos, análisis, archivos

Metashield Analyzer es un servicio online que analiza los metadatos (datos de los datos) de documentos ofimáticos como fecha de creación, tiempo de edición, autor, etc.

El análisis es gratuito, si se desea eliminar esos datos para evitar fugas de información hay que contratar el servicio.
Si crees que los metadatos no tienen importancia, lee este artículo donde se recopilan incidentes de todo tipo relacionados con los metadatos:
http://www.elladodelmal.com/2012/04/analisis-forense-de-metadatos-15.html

9.7. Ocultar archivos: Pixelator

Nombre:	Pixelator
Web:	https://pixelator.io/
Idioma:	ENG
Complejidad:	Baja
Palabras clave:	seguridad, privacidad, archivos, esteganografía

Pixelator oculta archivos codificándolos dentro de una imagen mediante esteganografía: sólo hay que subir una imagen (2000px x 2000px máximo) y los archivos a encriptar (20Mb máximo).

En las opciones de configuración se puede elegir formato de archivo (png, bmp y gif), tipo de pixelado, nivel de compresión y algoritmo utilizado (GZIP, ZLIP, DEFLATE), así como el tipo de cifrado (Rijndael o AES). Para decodificarlos es necesario introducir una contraseña previamente establecida.

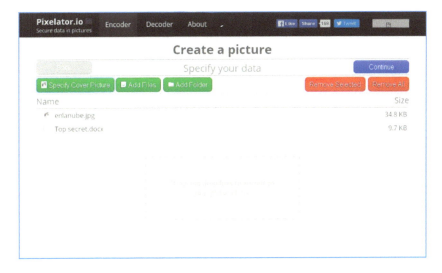

9.8. Conexión VPN: Hola

Nombre:	Hola
Web:	https://chrome.google.com/webstore/detail/unlimited-free-vpn-hola/gkojfkhlekighikafcpjkiklfbnlmeio?hl=es
Idioma:	ESP
Complejidad:	Media
Palabras clave:	seguridad, privacidad, VPN, conexión

Hola es un servicio de proxy VPN proporcionado a través de extensión para Chrome que permite acceder a sitios web de acceso bloqueados o censurados (ej: canales de TV online, Netflix...). Gratis y sin publicidad.

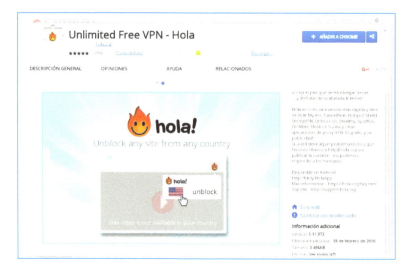

10.1. Descargar mp3 de Youtube: Yout

Nombre:	Yout
Web:	**http://yout.com**
Idioma:	ENG
Complejidad:	Baja
Palabras clave:	descargar, vídeo, mp3, mp4, conversor, Youtube

Yout es un servicio para grabar el audio de un vídeo de Youtube y descargarlo en formado MP3 o MP4. Puedes entrar directamente a la web y pegar la URL del vídeo o simplemente quitar el "ube" de la URL dónde estés viendo el vídeo del que quieres descargar el mp3 o mp4.

Recuerda también que Youtube tiene una colección de archivos gratuitos de audio que puedes usar para tus proyectos: **https://www.youtube.com/audiolibrary/music**

10.2. Teamviewer

Nombre:	Teamviewer
Web:	http://www.teamviewer.com/es/
Idioma:	ESP
Complejidad:	Baja
Palabras clave:	control remoto, conexión remota, soporte, presentación

Teamviewer es una aplicación para controlar remotamente cualquier ordenador y realizar reuniones y presentaciones online.

Muy útil en formación a distancia y también para contratar servicios de asistencia técnica remota facilitando al técnico una clave temporal para poder realizar el trabajo.

Es necesario instalar un ejecutable la primera vez que se utiliza.

10.3. Evitar registros web: BugMeNot

Nombre:	BugMeNot
Web:	http://bugmenot.com/
Idioma:	ENG
Complejidad:	Baja
Palabras clave:	acceso, contraseñas, registro, privacidad

BugMeNot nos permite obtener usuarios y contraseñas válidos para acceder a páginas que requieren de un registro previo, y que por rapidez o por privacidad deseamos saltarnos.

10.4. Conversor formatos: Zamzar

Nombre:	Zamzar
Web:	http://www.zamzar.com
Idioma:	ESP
Complejidad:	Baja
Palabras clave:	conversor archivos, formatos

Zamzar es un conversor de múltiples formatos de todo tipo de archivos con más de 1.200 combinaciones (word a pdf, pdf a word, gif a jpg, wav a mp3, mov a avi...).

Para usarlo hay que subir el archivo original desde "Convert files" (o indicar su URL si está accesible en internet con la opción "URL converter"), elegir el formato destino e indicar el e-mail dónde lo recibiremos en unos minutos.

Sin registro y no utilizan el e-mail para enviar spam.

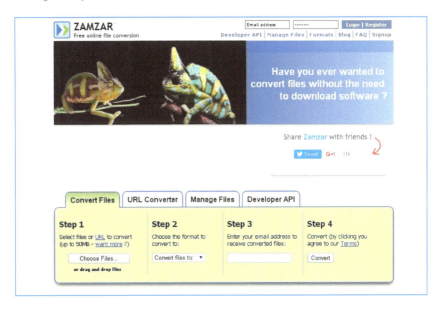

10.5. Generador códigos QR: Qrcode

Nombre:	Qrcode
Web:	http://www.qrcode.es/es/generador-qr-code/
Idioma:	ESP
Complejidad:	Baja
Palabras clave:	generador, códigos QR

Qrcode es un generador de códigos QR (Quick Response) en el que además de seleccionar el tipo enlace que abrirá el código cuando se escanee: Enlace, Mapa, , E-mail, Texto, SMS, WIFI, Vcard o enlace de pago PayPal, puedes seleccionar los colores y añadir imágenes.

Recuerda probar siempre el código finalmente generado. Sin registro.

Una alternativa sin opciones de personalización, para codificar un URL y punto, sería usar el acortador de direcciones de Google (http://goo.gl).

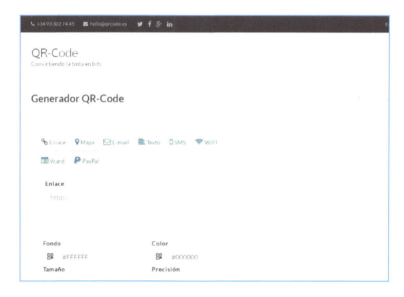

10.6.   Certificar contenido eGarante

Nombre:	eGarante
Web:	https://www.egarante.com
Idioma:	ESP
Complejidad:	Baja
Palabras clave:	certificar, contenido

eGarante es un servicio de certificación de comunicaciones electrónicas: web y correo electrónico. Podemos certificar el contenido de un e-mail o de una página web (útil si queremos denunciar o demostrar posteriormente la publicación de determinada información).

Gratis para uso particular.

10.7.   Comprobar e-mail: Verifyemailaddress

Nombre:	Verifyemailaddress
Web:	http://www.verifyemailaddress.org/es/
Idioma:	ESP
Complejidad:	Baja
Palabras clave:	

Verifyemailaddress comprueba si el e-mail existe y es válido. Muy útil para comprobar direcciones tipo info@dominioempresa.com

10.8. Histórico de internet: Waybackmachine

Nombre:	Waybackmachine
Web:	https://archive.org/web/
Idioma:	ENG
Complejidad:	Baja
Palabras clave:	email, correo electrónico

Waybackmachine es un buscador del histórico de versiones publicadas de las páginas web aunque ya no estén disponibles. Es una verdadera máquina del tiempo de internet…

10.9. Datos aleatorios: Random

Nombre:	Random
Web:	https://www.random.org/
Idioma:	ENG
Complejidad:	Baja
Palabras clave:	aleatorio, generación, sorteos

Random es un conjunto de utilidades relacionadas con resultados aleatorios, desde generar números entre un rango especificado, a generar combinaciones para loterías como Primitiva entre muchas otras.

No utilizan fórmulas matemáticas que puedan establecer un cierto patrón y por tanto no ser auténticamente aleatorio.

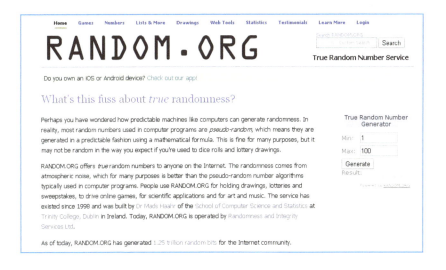

10.10. Corromper archivos: Corrupt a file:

Nombre:	Corrupt a file
Web:	http://corrupt-a-file.net/
Idioma:	ENG
Complejidad:	Baja
Palabras clave:	corromper archivos, archivos corruptos

Corrupt a file es una utilidad para corromper archivos y dejarlos de forma que no puedan ser abiertos.

¿Para qué? Para ganar tiempo de forma puntual con aquella persona que esperaba ese archivo: jefe, compañero, cliente, profesor... no debería usarse, pero si se usa, obviamente no hacerlo más de una vez ;)

10.11 Acortador URLs: bit.ly

Nombre:	Bit.ly
Web:	http://bit.ly
Idioma:	ENG
Complejidad:	Baja
Palabras clave:	relajación, descanso visual

Bitly es un acortador de URLs o direcciones web para facilitar su difusión. Genera estadísticas a partir de los clics sobre los vínculos acortados (pueden verse los datos de cualquier url acortada con bit.ly añadiendo el signo "+" al final).

También puedes usar el acortador de **Google**: https://goo.gl/

10.12. Comprimir archivos: Files2Zip:

Nombre:	Files2Zip
Web:	http://www.files2zip.es/
Idioma:	ESP
Complejidad:	Baja
Palabras clave:	relajación, descanso visual

Files2Zip comprime y descomprime archivos ZIP online. Sin registro, sin cargas: es seguro y rápido

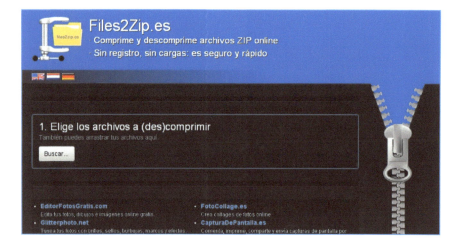

10.13. Cobrar con Paypal: Paypal.me

Nombre:	Paypal
Web:	http://paypal.me
Idioma:	ESP
Complejidad:	Baja
Palabras clave:	Paypal, pago online, cobrar, enlace pago

Paypalme es una utilidad de Paypal (necesitarás tener cuenta en Paypal y activar esta opción) para generar de forma rápida y sencilla enlaces de pago.

El enlace a generar es del tipo paypal.me/minombre+la cantidad (ej: https://www.paypal.me/jotaeletorres/2,99).

10.14. Relax: Xhlr

Nombre:	Xhlr
Web:	http://www.xhalr.com/
Idioma:	ENG
Complejidad:	Baja
Palabras clave:	relajación, descanso visual

Xhalr es una web experimental que plantea un fácil ejercicio de relajación online

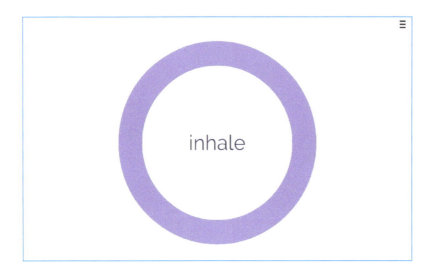

INDICE APLICACIONES

Mis otros libros en Amazon: